Libro de cocina para barbacoa y parrilla

Más de 50 recetas ganadoras para asar a la parrilla y a la barbacoa

Isabella Mendez

Reservados todos los derechos.

Descargo de responsabilidad

Tabla de contenido

INTRODUCCIÓN

si disfruta de una buena barbacoa de vez en cuando, se lo está perdiendo si no está con Traeger. Después de todo, Traeger's son parrillas de leña. Al final del día, la madera y el propano siempre ganan. El sabor de cocinar su carne en un fuego de leña o carbón le da es superior a cualquier otra cosa. Cocinar su carne en madera le da un sabor excelente.

Con cualquier otra parrilla de pellets, tendrá que monitorear constantemente el fuego para evitar brotes, lo que hace que sea un dolor de cabeza cuidar a los niños.Sin embargo, Traeger tiene tecnología incorporada para garantizar que los pellets se alimenten con regularidad. Para ver qué tan caliente está la parrilla, mide y agrega o quita leña a / pellets para controlar la temperatura Naturalmente, una parrilla

Traeger tiene una perilla de control de temperatura fácil de usar

Puede elegir desde parrillas baratas hasta parrillas caras de Traeger. Elija uno entre 19,500 BTU o 36,000 BTU. Todo también es posible. El rendimiento de la parrilla varía con la intensidad de la parrilla.

No son solo parrillas. También son mezcladores. Toda la zona de cocción está oscurecida por campanas que se pueden bajar. El calor entra en el área de cocción Es probable que el aire caliente y el humo se distribuyan uniformemente mientras los alimentos se cocinan en la olla debido a esto.

Además, las parrillas Traeger también son un horno de convección. En términos generales, los de Traeger son bastante indulgentes. Solo para ilustrar ... puedes usar un Traeger para cocinar un bistec, así como una pizza. Aún más.

También usa menos energía. La configuración inicial requiere 300 vatios. pero solo el comienzo del proceso. Después de eso, la bombilla consume solo 50 vatios de potencia.

¿Qué es la barbacoa? ¿Fumar o asar a la parrilla?

Si y no. Aunque el uso más común del término "barbacoa" describe la parrilla del patio trasero, algunas personas tienen una definición diferente del término. La barbacoa se puede dividir en dos categorías: caliente y rápida y baja y lenta.

Asar a la parrilla generalmente utiliza un calor directo que oscila entre 300 y 500 grados. Hace un gran trabajo con bistec, pollo, chuletas y pescado. Mientras la comida se cocinará, debes vigilarla de cerca para evitar que se queme. No adquiere un sabor menos ahumado. Sobre todo, esta es una forma sencilla y agradable de cocinar; tiene mucho tiempo para pasar el rato con sus amigos y familiares durante la parrillada.

Es lento y lento. El calor y las temperaturas indirectas en un ahumador suelen oscilar entre 200 y 275. Si alguna vez has estado en Kansas City, Memphis o Texas, sabes de lo que estoy hablando. Un trozo de carne ahumado a fuego lento y poco ahumado puede tardar entre 2 y 15 horas en desarrollar completamente su sabor natural. Cuando observa una carne ahumada lentamente, el "anillo de humo" rosado significa que la carne ha estado en el ahumador durante mucho tiempo.

Cómo usar madera en los ahumadores de barbacoa

La esencia de una buena barbacoa es la madera. Es lo que le da sabor al plato. La madera fue una vez el único combustible disponible, pero controlar la temperatura y la cantidad de humo que llega a la carne es difícil. La mayoría de la gente usa hoy en día ahumadores de carbón, gas, pellets o eléctricos. La madera se agrega en trozos, gránulos o aserrín, y arde y produce una buena cantidad de humo.

El error más común de los principiantes es ahumar demasiado la carne. Los principiantes deben comenzar con una pequeña cantidad de madera y luego ir subiendo. Es un error común pensar que debes remojar la madera antes de instalarla, pero no hace mucha diferencia. La madera no absorbe bien el agua y se evapora rápidamente. Cuando coloca leña empapada sobre carbón vegetal, se enfría y desea mantener la temperatura constante al ahumar carnes.

Dependiendo del tipo de madera que uses, el sabor que obtienes varía. El mejor tipo de madera es la madera seca y no verde. Es importante evitar las maderas que contienen savia como pinos, cedros, abetos, Chipre, abetos o secuoyas al elegir la madera. La savia imparte un sabor desagradable a la carne. Además, nunca se deben usar trozos de madera porque generalmente se tratan con productos químicos. No es buena idea ahumar una barbacoa. Nogal, manzano, aliso y mezquite son algunas de las maderas más populares. El nogal y el mezquite le dan a la carne un sabor poderoso, por lo que es mejor para carnes muy condimentadas como las costillas. La madera de manzana y aliso producen un humo más dulce y ligero que es ideal para carnes que no están demasiado condimentadas, como el pescado y el pollo.

Puede tirar las patatas fritas directamente con el carbón en un ahumador de barbacoa de carbón. Los trozos de madera funcionan mejor en parrillas de gas. Si tienes problemas para que los trozos de madera ardan sin llama, trata de envolverlos en papel de aluminio y cortar hendiduras en la parte superior. Coloque los trozos de madera en una bolsa de papel de aluminio sobre las brasas. En unos minutos, la madera debe comenzar a arder. Es fundamental incorporar la madera al proceso de ahumado de la barbacoa lo antes posible. Los embutidos absorben más fácilmente el humo.

Siempre debe pesar la cantidad de madera que coloca. Esto le permite ajustar la cantidad cada vez para lograr el efecto deseado. Dependiendo del grosor de la carne, la cantidad variará. Para las costillas, 8 onzas para pechuga y puerco desmenuzado, y 2 onzas para pollo, pavo y pescado, use aproximadamente 4 onzas de madera.

Si la madera comienza a arder o hay un humo de barbacoa prolongado, es posible que deba ser creativo. Para aislar aún más la madera, colóquela en una sartén de hierro sobre las brasas. Para los humos de barbacoa más prolongados, también puede hacer una bomba de humo. Llene una bandeja de aluminio con suficiente agua para cubrir las astillas de madera y la otra con suficiente agua para cubrir las astillas de madera. El que no está mojado comenzará a arder de inmediato. Cuando el agua del segundo se evapora, se encenderá y arderá. No tendrá que seguir abriendo la puerta para agregar más madera de esta manera.

RECETAS PARA FUMADORES Y PARRILLAS

1. Pan picante a la parrilla

Ingredientes

- 1 pan integral
- 100 gr de mantequilla
- 2 ramitas de tomillo fresco
- 2 ramitas de albahaca fresca

- ¼ manojo de perejil
- Aceite de oliva
- Sal
- Pimienta negra
- pimiento rojo
- 250 gr de queso cheddar rallado

Preparación

1. Mezcle la mantequilla, el tomillo finamente picado, la albahaca, el perejil, la sal y las especias en un recipiente hondo. Cortar el pan en rodajas para que no se rompa. Unte la mantequilla entre cada rebanada y espolvoree el queso cheddar.

2. Extienda el papel de aluminio sobre la encimera. Extienda papel vegetal y coloque el pan. Coloca el cursor sobre un poco de aceite de oliva. Envuelva suavemente el papel alrededor del borde. Ase durante 15 minutos en una barbacoa sobrecalentada. Servir caliente.

2. Bistec a la plancha con pimiento rojo

Ingredientes

- Bistec de 3 piezas
- 3 pimientos rojos asados

Para la salsa

- 1 cucharada de salsa Worcestershire
- 2 cucharadas de miel
- 4 cucharadas de vinagre balsámico
- 3 cucharadas de ketchup o salsa picante
- 1 cucharadita de mostaza de dijon
- 3 cucharadas de aceite de oliva

- 1 cucharadita de azúcar granulada
- Sal
- Pimienta negra

Preparación

1. Mezcle los ingredientes para la salsa en un tazón hondo. Coloque pimientos asados en cada bistec y envuélvalos en forma de rollo. Corta los rollos por la mitad y ensarta la botella. Asa los bistecs. Cuando cocine por ambos lados, aplique con un pincel de la salsa. Lleva tus filetes al plato de servir.

Menta

Ingredientes

- 500 g de camarones

Para la salsa

- La mitad de menta fresca

- 1 ~ 2 chalotes

- 3 dientes de ajo

- 2 cucharadas de vinagre de sidra de manzana

- 1 vaso de té de aceite de oliva

- 1 cucharadita de azucar

- 2 cucharaditas de sal

- 1 cucharadita de pimentón rojo

Preparación

1. Para la salsa, ponga todos los ingredientes excepto el aceite de oliva en la licuadora y encienda la licuadora. Agregue lentamente el aceite de oliva y tenga una consistencia espesa. Extrae las gambas y ponlas en un plato hondo. Coloca el cursor sobre la salsa y busca todos los lados. Envuelva la película extensible y déjela en el refrigerador durante al menos 2-3 horas. Pasar las gambas a la botella. Cocine a la parrilla sobrecalentada. Servir caliente.

soja

Ingredientes

- 750 g de filete de pechuga de pollo

Para la salsa:

- 2 cucharadas de salsa de soja
- 1 cucharada de miel
- 2 dientes de ajo machacados
- 1 cucharadita de jengibre fresco rallado
- 1 cucharadita de azúcar morena
- 1 vaso de té de aceite de oliva
- Sal
- Pimienta negra

Preparación

1. Tome los ingredientes para la salsa en un recipiente hondo y mezcle.

2. Pica la pechuga de pollo en trozos grandes. Coloque la carne de pollo en el recipiente que contiene la salsa y mezcle. Estirar el film y dejar reposar en el frigorífico durante 1 hora. Índice de carnes en botellas, cocinar a la parrilla. Servir caliente.

5. Lubina a la plancha con verduras

Ingredientes

- 2 perchas
- 1 cebolla
- 2 dientes de ajo
- 1 papa
- 1 zanahoria
- 1 limón
- 2 ramitas de romero

Para la salsa

- 1 vaso de té de aceite de oliva
- 2 dientes de ajo machacados
- 1 cucharadita de pimiento rojo molido
- 1 cucharadita de pimentón rojo
- 1 cucharadita de pimienta negra
- 2 cucharaditas de sal

Preparación

1. Limpia la percha. Cortar todas las verduras en rodajas muy finas. Llenaste el pescado con verduras. Agrega el romero. Mezcle bien los ingredientes de la salsa con un tenedor. Ata los pescados

con la cuerda y llévalos a la barbacoa. Cepille con la ayuda de la salsa que prepare y cocine el pescado dúplex. Atender.

6. Verduras a la plancha con salsa de mantequilla

Ingredientes

- 2 cebollas
- 4 mini berenjenas
- 4 mini calabazas
- 2 callos
- 2 tomates
- 200 g de champiñones

- 8 espárragos
- 1 cabeza de ajo

Para la salsa:

- 100 gr de mantequilla
- 25 g de cacahuetes rellenos
- 2 cucharadas de jugo de limón
- 2 dientes de ajo machacados
- 2 ramitas de tomillo fresco
- 2 ramitas de albahaca fresca
- 1 cucharadita de pimentón rojo
- 1 cucharadita de pimienta negra
- Sal

Preparación

1. Para la salsa, ablandar la mantequilla a temperatura ambiente, magra maní frito, jugo de limón, ajo, especias y sal en una sartén magra y llevarlo a la licuadora hasta que quede suave.

2. Corta las verduras al tamaño deseado y colócalas en la parrilla caliente. Aplicar la

salsa preparada con un pincel. Cocine hasta que esté dorado y póngalo en un plato para servir. Servir caliente.

7. Receta de albóndigas a la parrilla

Ingredientes

- 600 gramos de carne molida mediana en grasa (mezcla de carne de res y oveja)
- 1 rebanada de pan duro
- 1 bulbo de cebolla pequeña

- 1 huevo
- 1 cucharadita de comino
- 1/2 cucharadita de sal
- 1/2 cucharadita de pimienta negra

Preparación

1. Las albóndigas las preparas, en el frigorífico y en un recipiente cerrado durante al menos 2 horas hasta que le añadas huevos antiadherentes y unas deliciosas albóndigas que puedes preparar.

2. Sugerencias de cocina para la receta de albóndigas a la parrilla

3. Puede agregar el perejil finamente picado al mortero de albóndigas según su deseo.

4. ¿Cómo hacer una receta de albóndigas a la parrilla?

5. Coloque 600 gramos de carne molida mediana en grasa en el tazón para mezclar. Agrega 1 huevo, 1 nectarina rallada, 1 rebanada de pan duro, 1

cucharadita de comino, media cucharadita de sal y pimienta.

6. Agrega todos los ingredientes hasta la consistencia del mortero de albóndigas, amasa hasta que se recupere y cierra el film extensible y déjalo reposar en el frigorífico al menos media hora.

7. Cortar trozos de mortero de albóndigas del tamaño de una nuez

8. Dar las albóndigas planas con las manos humedecidas con agua.

9. Coloca las albóndigas en la sartén caliente donde las engrasas.

10. Comience a cocinar invirtiendo. Continúe este proceso hasta que todas las albóndigas estén cocidas.

11. Tus albóndigas están listas; se puede servir caliente y caliente. Disfrute de su comida.

Ingredientes

- 800 gramos de pechuga de pollo fileteada
- 2 cucharadas de aceite de oliva
- 1 tomate
- 1 diente de ajo
- 1 bulbo de cebolla pequeña
- 1 cucharadita de pasta de tomate
- 1 cucharadita de salsa picante (o 1/2 cucharadita de pimiento rojo en polvo)
- 1 cucharadita de orégano
- 1 cucharadita de cilantro (si lo desea)
- 1/4 cucharadita de comino

Preparación

1. Si tiene tiempo para extender el período de marinado de la carne de pollo en la mezcla de salsa que prepare, déjela 1 hora en el refrigerador.
2. Sugerencia de cocina de receta de pollo
3. También puede cocinar el pollo con salsa a la parrilla o en una sartén sobre papel grasiento.
4. Receta de pollo ¿Cómo hacer?
5. Cortar las pechugas de pollo fileteado que lavar con agua y secar con papel toalla en tiras largas y finas.
6. Para la mezcla de salsa; Después de pelar la piel, escurra el jugo de la cebolla que cepilló. Puede usar la porción de posa para otra comida.
7. Ralla el tomate con la ración fina del rallador. Coloque el jugo de cebolla y los tomates rallados en un tazón hondo para mezclar.

8. Mezclar con aceite de oliva, ajo rallado, pasta de tomate, salsa picante, tomillo, comino y cilantro.

9. Coloque las pechugas de pollo en filetes picadas en el tazón para mezclar, cúbralas y déjelas en el refrigerador.

10. Para periodos de descanso prolongados (al menos una hora y una noche si tienes tiempo), pasa la carne de pollo de forma horizontal a las brochetas de madera.

11. Cocine lo antes posible invirtiendo el dúplex en una sartén o parrilla precalentada.

12. Según el deseo; Comparta con sus seres queridos lavash caliente con la adición de hojas de lechuga rizadas, cebollas rojas cortadas en anillos y rodajas de tomate.

Ingredientes

- 2 berenjenas medianas
- 2 piezas de calabaza mediana
- 2 pimientos rojos medianos
- 10 tomates cherry

para salsa pesto:

- 1 manojo grande de albahaca fresca
- 50 gramos de piñones
- 75 gramos de queso parmesano
- 2 dientes de ajo 1 taza de aceite de oliva
- 1/4 cucharadita de sal Para Shuttle:
- 2 cucharadas de jugo de granada (si lo desea)

Preparación

1. Cortar los calabacines y las berenjenas en trozos grandes sin pelarlos.
2. Corta los pimientos por la mitad y córtalos en trozos grandes. Retire los tallos de los tomates cherry.
3. Pasar las verduras picadas y todos los tomates cherry en brochetas de madera, respectivamente.
4. Untelas con aceite de oliva con un pincel para huevos, luego hornee sobre papel vegetal o cocine a la parrilla hasta que adquiera color.
5. Para preparar salsa pesto; Hoja y hoja, extrae la albahaca que lavas en abundante agua, luego pica fina.
6. Ase los piñones en una sartén sin aceite durante 2-3 minutos para obtener un aroma crujiente e intenso.
7. Rallar el queso parmesano con la parte fina del rallador. Después de extraer el ajo, batir en un mortero con la sal.

8. Triturar en el procesador de alimentos el ajo machacado, los piñones tostados y las hojas de albahaca picadas.

9. Agregue el queso parmesano rallado y el aceite de oliva gradualmente y continúe revolviendo.

10.   Coloca las verduras asadas en el plato de servir y echa la salsa pesto y la granada agria. Comparte con tus seres queridos como tibios sin esperar.

10.   Receta de Shish de hígado

Ingredientes

- 1 kilogramo de cordero gras
- 300 gramos de aceite de cola

- 1 cucharadita de sal
- 1/2 cucharadita de comino
- Para lanzadera:
- 2 cebollas medianas
- 1 cucharadita de zumaque

Preparación

1. Después de lavar con abundante agua y escurrir el exceso de agua, corta el hígado de cordero en trozos pequeños con ayuda de toallas de papel. Licuar con sal.

2. Corta la grasa de la cola para que coincida con los pulmones. Empiece a mover las partes del hígado a las brochetas de basura. Inserte dos o tres partes del hígado seguido de un poco de aceite de cola. Haz lo mismo con todas las botellas.

3. Pon las brochetas de hígado boca abajo en la barbacoa y cocina todo hasta que estén doradas.

4. Sirva con panes de yufka espolvoreados con comino caliente en los platos

calientes servidos en las brochetas de hígado, picando después de picar el zumaque y las cebollas secas servidas con las cebollas.

11. Ensalada de berenjena con espinacas a la parrilla

Ingredientes

- 1 pieza de berenjena en rodajas y rebanado
- 1/8 taza de hojas de menta solamente
- 1/2 manojo de perejil solo hojas
- 1 cucharada de orégano
- 1/4 taza de tomate deshidratado cortado en tercios

- 4 tazas de espinacas tiernas frescas
- 2 dientes de ajo, finamente picados, para aderezo
- 1 cucharada de tahini para aderezar
- 1/2 cucharada de pimentón para aderezo
- 1 pieza de jugo de limón, para aliñar
- 1 cucharada de aceite de oliva para aderezo
- 1 pizca de sal para aderezar
- 1/4 taza de queso feta desmenuzado

Preparación

1. Caliente una parrilla a fuego alto; Asa las berenjenas hasta que se formen las clásicas marcas de grill. Retirar y reservar

2. En un bol mezclar las berenjenas con las hojas de menta, el perejil, el orégano, los tomates deshidratados y las espinacas. Reserva.

3. En un bol, mezcla el ajo, el tahini, el pimentón, el limón y el aceite de oliva con el batidor de globo y sazona a tu gusto.

4. Mezcla la ensalada con el aderezo y espolvorea a tu gusto con el queso feta.

12. Quesadillas con sabrosas verduras a la plancha

Ingredientes

- 8 tortillas
- 1 calabacín
- 2 pimientos rojos
- 1 cebolla morada
- 100 gr de queso feta
- Pimienta y sal
- Aceite de oliva

Preparación

1. Así es como haces el rebanado calabacín en tiras finas con una cortadora de queso.

2. Cortar los pimientos en tiritas y la cebolla morada en mitades.

3. Asar, asar o freír las verduras brevemente en un poco de aceite de oliva y condimentarlas con sal y pimienta. Ahora déjelos a un lado.

4. Caliente una sartén seca en su quemador de gas. Ponga una envoltura en la sartén.

5. Cubre esto con un poco de calabacín, pimientos y cebollas y desmenuza una cuarta parte del queso feta sobre la envoltura.

6. Coloca la otra envoltura encima y deja que se caliente a fuego lento.

7. Deje que la quesadilla se deslice en un plato y luego vuelva a colocarla en la sartén.

8. Calentar el fondo en breve.

9. Corta la quesadilla en cuartos y sírvela inmediatamente.

10.   Posiblemente puedas comer una ensalada con él.

13. Brochetas veganas de verduras con hierbas

Ingredientes

- 200 g de tomates cherry
- 100 g de calabacín
- 100 g de rábano
- 100 g de pimentón
- 100 g de champiñones
- 1 cebolla
- 1 ramita de romero

- 2 ramitas de tomillo
- 3 cucharadas aceite de oliva
- Pimienta de colores
- Sal marina

Preparación

1. Lavar los tomates, las curetas y los rábanos y escurrir

- Cortar el calabacín en rodajas gruesas y dividir en 4 trozos
- Libera el rábano del verde y córtalo por la mitad.
- Para los pimientos, retire los núcleos y tabiques, enjuague y corte en trozos.

2. Pelar la cebolla y cortarla en trozos.

- Lava las hierbas y sacúdelas para secarlas, luego arranca las hojas del tallo y córtalas.
- Limpiar los champiñones y cortar el extremo seco del tallo.

- Luego corta los champiñones por la mitad.

3. Coloque los ingredientes preparados alternativamente en brochetas de madera.

- Coloque las brochetas en un plato y rocíe con aceite.
- Sazone con sal, pimienta y espolvoree con las hierbas.
- Ase las brochetas por todas partes en la parrilla caliente o en la sartén.

14.Angus de Ternera a la Parrilla y Chorizo

Ingredientes:

- 1 libra High River Angus, en filetes finos

- Una botella de 12 oz de cerveza mexicana, use Pacifico, Sol o Montejo
- Una cucharadita de sal
- 1 cresta ahumada
- Una cebolla blanca mediana
- 1 ½ pimiento pimientos rojos (pimentón)
- Una cucharada de aceite de oliva o canola
- Una cucharadita de sal de ajo
- Pimienta al gusto
- Un paquete de 24 taquerías de tortillas, si quieres servir los tacos con tortilla doble, necesitarás dos paquetes.
- Salsa roja, salsa verde o salsa de aguacate
- Diez limones pequeños, opcional

Preparación

1. En un bol coloca los filetes, la cerveza y una cucharada de sal. Ponga la tapa en el frigorífico y marina durante 1 hora.

2. Pelar el chorizo y picarlo en trozos pequeños. Dejar de lado.

3. Picar finamente la cebolla y los chiles.

4. Calentar el aceite vegetal en la sartén y freír la cebolla hasta que se ablande unos 2 minutos. Agregue los pimientos picados y cocine, revolviendo ocasionalmente durante unos 5 minutos o hasta que los pimientos se ablanden.

5. Caliente un asador o una sartén para asar para cocinar la salchicha picada durante unos 5 minutos o hasta que esté completamente cocida.

6. Ase los bistecs uno por uno, dependiendo del grosor que tome aproximadamente dos minutos por lado. Corta los filetes asados en tiras finas.

7. Agrega los filetes y el chorizo. Agregue las verduras, la sal de ajo y la pimienta al gusto. Cocine por dos minutos más. Ajusta la sal.

8. Sirve en tacos acompañado de la salsa de tu agrado y jugo de limón, si lo deseas.

15.Muslos de pollo salados con adobo a la parrilla

Ingredientes

- Un dedo de ajo (triturado)
- 1/2 cucharada de mostaza
- 2 cucharaditas de azúcar (morena)
- Una cucharadita de chile en polvo
- Pimienta (negra, recién molida)
- 1 cucharada de aceite de oliva
- 5 piezas de pierna de pollo

Preparación

1. Para las piernas de pollo picantes con adobo a la parrilla, mezcla el ajo con la mostaza, el azúcar morena, el chile en polvo, una pizca de sal y pimienta recién molida. Mezclar con el aceite.

2. Frote los muslos de pollo con la marinada y deje marinar durante 20 minutos.

3. Coloque los muslos de pollo en la canasta y empuje la canasta dentro de la olla a presión. Configure el temporizador en 10-12 minutos.

4. Freír los muslos de pollo a 200 ° C hasta que se doren. Minimizar la temperatura a 150 ° C y freír los muslos de pollo durante otros 10 minutos hasta que estén cocidos.

5. Sirve la pierna de pollo picante con adobo de barbacoa con ensalada de maíz y baguette.

16.Verduras mediterráneas a la plancha con aderezo de yogur de limón y patatas

Ingredientes

- Ajo
- Tomates
- Cebolla
- Verduras
- Patatas
- Yogur
- Agua
- Jugo de limon

- Sal y pimienta
- ramitas de romero

Preparación

1. Lave las patatas pequeñas y luego cocine previamente en agua hirviendo con sal durante 8 minutos. Escurre las patatas y córtalas por la mitad. Limpiar las verduras y cortarlas en trozos. Retirar la cebolla y cortar en cubitos. Pelar el diente de ajo y picar finamente. Lave los tomates dátiles, pero déjelos solos.

2. Ahora ponga las patatas, las verduras picadas, los tomates, las cebollas y el ajo en una fuente para horno. Condimentar con sal y pimienta, agregar las ramitas de romero y volver a mezclar. Ponle aceite de oliva.

3. Calentar la freidora a 260 ° C en función grill, introducir la cazuela y asar las verduras durante unos 15 minutos.

4. Mientras tanto, mezcle el yogur, la mayonesa ligera y el jugo de limón y sazone con sal y pimienta.

5. El aderezo de yogur para las verduras mediterráneas a la plancha es suficiente. Las verduras asadas con las patatas saben tanto calientes como frías. Por lo tanto, ¡también es ideal para bufés de fiesta o comida para llevar!

17. Frutas a la plancha con salsa de caramelo

Ingredientes

Para los kebabs de frutas:

- 2 manzanas

- 1 mango
- 1/2 piña
- 8 fresas
- 1/2 limón
- 1 cucharada. azúcar para la salsa de caramelo:
- 150 g de mantequilla
- 70 g de azúcar
- 100 ml de nata montada

Preparación

1. Pelar las manzanas para la fruta a la plancha, cortarlas en rodajas, quitar la tripa. Pelar el mango, quitarle el corazón y cortarlo en rodajas o cubos. Pelar la piña, quitarle el interior leñoso y cortarla en cubos. Lavar las fresas, quitar la hoja verde.

2. Exprime el limón. Espolvorea la fruta con jugo de limón y espolvorea con azúcar. Colocar alternativamente los trozos de fruta en brochetas de madera y asar a la

parrilla caliente durante aprox. 6 minutos, girando con frecuencia. Derrita la mantequilla y unte las brochetas de frutas con la mantequilla derretida una y otra vez mientras asa a la parrilla. No dejes las brochetas en la parrilla demasiado tiempo para que los trozos de fruta no se embarren.

3. Para la salsa de caramelo, ponga la mantequilla y el azúcar en una cacerola y derrita. Revuelva hasta que el azúcar se disuelva y se ponga marrón. Caliente la crema batida en la freidora y agregue el caramelo.

4. Las frutas asadas se sirven con salsa de caramelo.

18. Canelones de berenjena

Ingrediente

- 1 berenjena
- 2 latas de atún
- 1 huevo cocido
- Pimienta molida
- Salsa de tomate saludable
- Queso de proteína magra rallado

Preparación

1. Precalentamos la freidora a 200°
2. Lavamos bien la berenjena, cortamos los extremos y con ayuda de una mandolina la laminamos.

3. Ahora vamos a triturar las 2 latas de atún con el huevo cocido para crear el relleno de los canelones.

4. Una vez que tengamos todos los ingredientes preparados comenzaremos a hacer nuestros rollitos.

5. Ponemos un poco de la mezcla en el punto más ancho de la berenjena y enrollamos hasta el final.

6. Cerramos con la ayuda de un palillo.

7. Repetir la operación hasta terminar con el relleno.

8. Ahora colocamos todos nuestros canelones en un molde apto para la freidora.

9. Sazonar con pimienta al gusto.

10. Ponemos encima una cucharadita de tomate.

11. Y terminamos con un poco de queso desnatado.

12. Hornea a 200º durante 20-30min (dependiendo de la freidora) con la parrilla apagada o el queso se quemará.

19. Cáscara de arroz con pepino y berenjena a la parrilla con miso

Ingredientes

- 1/4 de pepino
- 1 cucharada de azúcar en polvo más 1 pizca
- 7 cucharadas de vinagre de arroz japonés
- 300 g de arroz para sushi
- 3 berenjenas (750g en total)

- 3 cucharadas de miso blanco dulce (Shiro)
- 1 cucharada de vino de arroz Mirin
- 4 cebolletas
- 1 cucharada de ajonjolí, opcional

Preparación

1. Corta el pepino en rodajas pequeñas y colócalo en un bol. Agregue 1 pizca grande de sal marina y azúcar, 2 cucharadas de vinagre y masajee el pepino.

2. Ponga un bol en el bol y péselo con algo pesado. Ponga a un lado para que el exceso de agua se pueda escurrir.

3. Enjuague el arroz hasta que el agua esté casi limpia. Escurrir y luego colocar dentro de una cacerola pequeña con 375 ml de agua.

4. Golpee ligeramente una tapa de vidrio, déjela hervir, luego cocine a fuego lento durante 25 minutos o hasta que pueda

ver agujeros dentro de la superficie del arroz (no tenga la tentación de levantar la tapa). Retirar del fuego y dejar tapado durante 20 minutos.

5. Agrega 4 cucharadas de vinagre al arroz con cucharadas de azúcar y una pizca de sal.

6. Levanta la parrilla. Cortar las berenjenas en cuartos y cortar la carne. Coloque la carne hacia arriba sobre una bandeja para hornear cubierta con papel de aluminio y cocine por 15 minutos o casi tierna.

7. Mezcle el miso y el mirin con el vinagre restante y 1 cucharada de agua. Extienda la mitad del glaseado sobre la berenjena; Ase por otros 8 a 10 minutos y córtelo por la mitad con el glaseado restante hasta que esté suave.

8. Mientras tanto, las semillas de sésamo (si se usan) en una sartén seca se tuestan hasta que estén doradas.

9. Pon la berenjena en un lecho de arroz pegajoso. Picar finamente las cebolletas, cortar en rodajas, espolvorear con las semillas de sésamo (si se usan) sobre la berenjena y colocar con pepino a un lado.

20. Verduras a la plancha con salsa de mantequilla

Ingredientes

- 2 cebollas
- 4 mini berenjenas

- 4 mini calabazas
- 2 callos
- 2 tomates
- 200 g de champiñones
- 8 espárragos
- 1 cabeza de ajo

Para la salsa:

- 100 gr de mantequilla
- 25 g de cacahuetes rellenos
- 2 cucharadas de jugo de limón
- 2 dientes de ajo machacados
- 2 ramitas de tomillo fresco
- 2 ramitas de albahaca fresca
- 1 cucharadita de pimentón rojo
- 1 cucharadita de pimienta negra
- Sal

Preparación

3. Para la salsa, ablandar la mantequilla a temperatura ambiente, magra maní frito, jugo de limón, ajo, especias y sal en una sartén magra y llevarlo a la licuadora hasta que quede suave.

4. Corta las verduras al tamaño deseado y colócalas en la parrilla caliente. Aplicar la salsa preparada con un pincel. Cocine hasta que esté dorado y póngalo en un plato para servir. Servir caliente.

21. Pan picante a la parrilla

Ingredientes

- 1 pan integral
- 100 gr de mantequilla
- 2 ramitas de tomillo fresco
- 2 ramitas de albahaca fresca
- ¼ manojo de perejil
- Aceite de oliva
- Sal
- Pimienta negra
- pimiento rojo
- 250 gr de queso cheddar rallado

Preparación

3. Mezcle la mantequilla, el tomillo finamente picado, la albahaca, el perejil, la sal y las especias en un recipiente hondo. Cortar el pan en rodajas para que no se rompa. Unte la mantequilla entre

cada rebanada y espolvoree el queso cheddar.

4. Extienda el papel de aluminio sobre la encimera. Extienda papel vegetal y coloque el pan. Coloca el cursor sobre un poco de aceite de oliva. Envuelva suavemente el papel alrededor del borde. Ase durante 15 minutos en una barbacoa sobrecalentada. Servir caliente.

22. Brochetas de atún, sandía y aguacate

Ingredientes:

- 400 g de lomo de atún
- 500 g de sandía
- 1 limón

- 1 dl de salsa de soja
- 2 cucharaditas de ajonjolí
- 2 aguacates
- 2 cucharaditas de azucar
- 2 ramitas de cebollino
- Aceite de oliva
- Pimienta y sal

Preparación

1. Limpiar y picar el pescado y la sandía. Por un lado, lava el atún y córtalo en dados regulares. Y por otro lado, limpia y pela la sandía. Y corta 400 g en cubos del mismo tamaño que el atún.

2. Reducir la sandía y la soja. Tritura los 100 g de sandía sobrantes para obtener un jugo. Colar este jugo, ponerlo en un cazo al fuego con el azúcar y la salsa de soja, y reducirlo a la mitad a fuego suave y removiendo. Sazonar y dejar enfriar.

3. Ensambla las brochetas. Enhebrar los dados de atún y sandía en cada brocheta,

untarlos con aceite, espolvorearlos y dejar marinar unos 20 minutos más o menos.

4. Prepara el acompañamiento. Mientras se maceran las brochetas, aproveche para pelar los aguacates, citar el hueso y cortarlos en cubos. Agrega el jugo de limón, 2 cucharadas de aceite, las cebolletas lavadas y picadas, sal, pimienta y revuelve la mezcla.

5. Asa las brochetas y sírvelas. Por último, asa las brochetas en un plato untado con aceite durante 1 minuto más o menos por cada lado. Y una vez que estén listas, unta las brochetas con la reducción de soja y sandía, espolvorea con el ajonjolí y sírvelas con el aguacate como guarnición

23. Filete de flanco marinado a la parrilla, receta holística

Ingredientes

- 2 libras de filete de falda
- 1/3 taza de aceite de oliva
- 2 dientes de ajo picados
- 2 cucharadas de vinagre de vino tinto
- 1/3 taza de amino líquido
- 1/4 taza de miel
- 1/2 cucharadita de pimienta negra recién molida

Preparación

1. Marque la superficie del bistec cortándolo en cortes de cuchillo de 1/4 de

pulgada de profundidad y 1/2 pulgada a lo largo del grano de la carne.

2. Mezcle los ingredientes restantes y vierta sobre el bistec para obtener un adobo.

3. Aplicar bien y refrigerar durante al menos 2 horas o toda la noche.

4. Precalienta la parrilla a fuego medio.

5. Usando aceite de oliva empapado en una toalla de papel; cubra la parrilla de su parrilla con aceite de oliva.

6. Saca el filete de la marinada y espolvoréalo con sal y pimienta. Esto creará una costra en el bistec.

7. Coloque el bistec en la parrilla caliente y cocine a la parrilla durante 4-6 minutos por lado, dependiendo de cómo le guste el bistec. El filete de falda se debe servir de tamaño mediano para obtener mejores resultados. Bien hecho haría una carne dura.

8. Retire la parrilla y cubra con papel de aluminio durante 10 minutos para sellar todos los jugos.

9. Corta rodajas muy finas a contrapelo y asegúrate de que las rodajas sean anchas.

10. Coger el exceso de adobo, llevar a ebullición y cocinar unos minutos y servir sobre el bife.

24. Receta de pollo italiano a la parrilla orgánico

Ingredientes

- 1 libra de pechuga de pollo orgánica sin huesos
- 1/4 taza de aderezo / adobo italiano

Preparación:

1. Quema tu parrilla a fuego medio.

2. Si usa una sartén para parrilla, ajuste los quemadores a fuego medio.

3. Deje marinar el pollo en aderezo italiano durante al menos 1 hora.

4. Unte la pechuga de pollo con aderezo / adobo italiano y colóquela en la parrilla.

5. Hierva su pollo y péguelo con su aderezo / adobo italiano durante el tiempo de cocción.

6. Cocine hasta que su pollo alcance la temperatura interna de aproximadamente 20 minutos y gire el pollo hasta la mitad hacia el otro lado.

25. Receta de espárragos ecológicos a la plancha

Ingredientes

- 1 libra de espárragos
- 1 cucharada untada con mantequilla con hierba (derretida)
- Sal marina sin refinar
- Pimienta al gusto

Preparación:

1. Corta los espárragos, esto se logra fácilmente rompiendo los extremos donde se rompen naturalmente.
2. Vierta la mantequilla derretida sobre los espárragos y mezcle para cubrir.

3. Sazone generosamente con sal y pimienta.

4. Coloque en una parrilla caliente (fuego medio) y cocine a la parrilla durante unos 5-10 minutos hasta que los espárragos estén suaves (voltee con frecuencia).

26. Pollo a la parrilla de California

Ingredientes

- 3/4 taza vinagre balsámico
- 1 cucharadita. Polvo de ajo
- 2 cucharadas. cariño
- 2 cucharadas. aceite de oliva virgen extra
- 2 cucharaditas Especia italiana
- Sal kosher
- Pimienta negra recién molida
- 4 pechugas de pollo deshuesadas y sin piel
- 4 rodajas de mozzarella
- 4 rodajas de aguacate
- 4 rodajas de tomate
- 2 cucharadas. Albahaca recién cortada para decorar
- Glaseado balsámico para rociar

Preparación

1. En un tazón pequeño, bata el vinagre balsámico, el ajo en polvo, la miel, el aceite y las especias italianas y sazone

con sal y pimienta. Vierta el pollo y déjelo marinar durante 20 minutos.

2. Cuando esté listo para asar, caliente la parrilla a medio alto. Ralle las parrillas de aceite y el pollo hasta que estén carbonizados y bien cocidos, 8 minutos por cada lado.

3. Cubra el pollo con la mozzarella, el aguacate y el tomate y tape la parrilla para derretir, 2 minutos.

4. Adorne con albahaca y luego rocíe con un poco de glaseado balsámico.

27. Cilantro lima Salmón a la plancha

Ingredientes

- 4 (6 onzas) filetes de salmón
- Sal kosher
- Pimienta negra recién molida
- 4 cucharadas manteca
- 1/2 taza jugo de lima
- 1/4 taza cariño
- 2 dientes de ajo picados
- 2 CUCHARADAS. Cilantro picado

Preparación

1. Sazone el salmón con sal y pimienta. Caliente la parrilla y coloque el salmón con la carne hacia abajo en la parrilla. Cocine durante 8 minutos, luego dé vuelta y cocine por el otro lado hasta que el salmón esté bien cocido, otros 6 minutos. Deje reposar por 5 minutos.

2. Mientras tanto, prepara la salsa: dentro de una cacerola mediana a fuego medio, agrega la mantequilla, el jugo de limón, la miel y el ajo. Mezclar hasta que la mantequilla se derrita y todos los

ingredientes se combinen. Apague el fuego y agregue el cilantro.

3. Vierta el salmón sobre la salsa y sirva.

28. Ensalada de calabacín a la plancha

Ingrediente

- 2 calabacines
- 3 cucharadas de aceite de oliva suave
- 1 cucharada de vinagre balsámico
- 50 g de avellanas
- 15 g de albahaca fresca
- 10 g de menta fresca
- 150 g de burrata

Preparación

1. Cortar el calabacín en rodajas de 1 cm de largo. Sazona con sal y pimienta y espolvorea con aceite de oliva, calienta la sartén y asa las rodajas de calabacín en 4 minutos. Gire a la mitad. Poner las rodajas de calabacín en un bol, mezclar con el vinagre balsámico y dejar reposar hasta su uso.

2. Calentar una sartén sin aceite ni mantequilla y tostar las avellanas hasta que se doren durante 3 minutos a fuego medio. Dejar enfriar en un plato y picar en trozos grandes.

3. Corta las hojas de albahaca y la menta en trozos grandes. Los tallos de albahaca finamente picados, tienen mucho sabor. Mezclar el calabacín con las hierbas y el resto del aceite. Rompe la burrata en pedazos.

4. Divida primero el calabacín y luego la burrata sobre los platos. Espolvoree con

las avellanas tostadas y las hierbas; sazone con pimienta (recién molida) y posiblemente sal.

29. Hinojo a la plancha con mozzarella y aderezo de alcaparras y limón

Ingredientes

- 250 g de tomates cherry en rama
- 3 cucharadas de aceite de oliva suave
- 2 tubérculos de hinojo
- 30 g de piñones
- ½ limones
- ½ cucharada de miel líquida

- 3 cucharadas de aceite de oliva virgen extra
- 50 g de alcaparras
- 2 bolas de mozzarella

Preparación

1. Precaliente la temperatura del horno a 200 ° C. Coloque los tomates cherry en una bandeja para hornear cubierta con papel de hornear en una rama, rocíe con aceite de oliva suave y espolvoree con pimienta. Aproximadamente 8 minutos.

2. Caliente la sartén para asar. Corta el verde y la parte superior de los tubérculos de hinojo. Pica finamente el verde. Dejar el muñón sobre el hinojo y cortar el hinojo a lo largo en rodajas finas. Espolvoree con el aceite de oliva restante y cocine a la parrilla durante 3 minutos en la sartén.

3. Calentar una sartén sin aceite ni mantequilla y tostar los piñones dorados a fuego medio. Déjalo enfriar en un plato.

4. Frote el limón, frote la piel amarilla y exprima la fruta. Mezclar el jugo y frotar con la miel y el aceite de oliva virgen extra. Agrega las alcaparras y el hinojo verde.

5. Corta la mozzarella en cuartos. Extienda el hinojo a la plancha en los platos, coloque la mozzarella de ¼ de bola y una ramita de tomates asados en cada plato y extienda el aderezo y los piñones por encima.

30. Pollo a la parrilla

Ingredientes

- 1 pollo entero, seco
- 3 cucharadas de grasa de cocina derretida Paleo
- 3 cucharadas de romero fresco, finamente picado
- 2 cebollas, peladas y en cuartos
- 4 zanahorias, peladas y cortadas en rodajas
- 2 pimientos picados
- 2 limones cortados por la mitad
- Sal marina y pimienta negra recién molida

Preparación

1. Precalienta el horno a 204 C.

2. Coloque el pollo, boca abajo, sobre una tabla de cortar. Corta a lo largo de ambos lados del lomo de un extremo al otro con unas tijeras de cocina y quítale el lomo. Dale la vuelta a la pechuga de pollo y ábrela como un libro. Presione firmemente los senos con la palma para aplanarlos.

3. En un tazón pequeño, mezcle la grasa de cocción y 2 cucharadas de grasa. de romero.

4. Frote el pollo con 2/3 de la mezcla de grasa y romero y sazone el pollo para darle sabor con sal marina y pimienta molida.

5. Cubre una bandeja para hornear grande con papel de aluminio.

6. Coloque el pollo en la bandeja para hornear y luego envuélvalo con las verduras y los limones.

7. Vierta la mezcla de grasa y romero restante sobre las verduras y sazone al gusto.

8. Coloque la bandeja para hornear en el horno durante 1 hora o hasta que un termómetro para carne indique 73 C en la parte más gruesa de la pechuga.

9. Saca el pollo del horno; exprime un poco de jugo de limón y listo.

31. Ciruelas a la plancha con naranja, vainilla y pistaches

Ingredientes

- 2 porciones
- 1/2 taza de azúcar morena picada, para miel
- 1/3 taza de agua para miel
- 2 piezas de anís estrellado, para miel
- 1/2 pieza de canela para miel
- 1/8 cucharadita de clavo en polvo para miel
- 4 piezas de ciruela cortada por la mitad, sin hueso
- 1/4 taza de coco bien rallado

Preparación

1. Precalienta el horno a 180 ° C.
2. Calentar la olla a fuego alto con el azúcar moreno y el agua, agregar el anís estrellado, la ramita de canela con el

clavo en polvo y reducir la preparación para formar miel.

3. En una fuente de horno agrega las ciruelas y baña con miel. Cocine durante 30 minutos hasta que el sabor de la miel se impregne de ciruelas y se ablande.

4. Sirve y decora con anís y coco rallado.

32. Pierna de cordero a la brasa

ingredientes

- 5 cebollas rojas
- 5 zanahorias

- 3 dientes de ajo
- 2 piernas de cordero aprox. 350 g cada uno
- sal
- pimienta
- 4 cucharadas de aceite de oliva
- 1 cucharada de pasta de tomate
- 500 ml de vino tinto seco
- 500 ml de caldo de cordero
- 2 ramas de romero

Pasos de preparación

1. Pelar y cortar en cuartos las cebollas. Pelar las zanahorias y cortarlas en rodajas. Pela y corta el ajo por la mitad.
2. Lave la carne y séquela. Frote con sal y pimienta. Dorar la carne en un horno holandés caliente en 2-3 cucharadas de aceite por todos lados durante 5-6 minutos.

3. A continuación, volver a sacarlo, poner el aceite restante en la Olla y freír las verduras junto con la pasta de tomate durante unos minutos.

4. Coloque la carne encima y vierta el vino y el caldo. Agrega el romero y cierra la olla. Ponle las brasas.

5. Abra después de 1,5-2 horas y gire las piernas. Renueve las brasas en la parte superior e inferior y termine de cocinar durante aproximadamente 1 hora. Sazone la salsa al gusto antes de comerla. B. Sirva las papas.

33. Aguacate envuelto en tocino

Ingredientes

- 2 aguacates (maduros)
- 15-20 tiras de tocino

Preparación

1. Para el aguacate envuelto en tocino envuelto en tocino, primero precalienta el horno a 180 ° C. Cubre una bandeja de horno con papel de horno.

2. Corta el aguacate por la mitad y quita el grano. Retire con cuidado la pulpa (preferiblemente con una cucharada). Luego corte a lo largo en ranuras de aproximadamente 1 cm de grosor.

3. Envuelva cada columna con una tira de tocino y colóquela en la bandeja para hornear. Pon el aguacate envuelto en tocino en el horno durante unos 15 minutos hasta que el tocino esté crujiente. Es mejor observar porque cada horno es un poco diferente.

34. Empanadillas a la parrilla sobre ensalada de col fina con tocino

Ingredientes

Masa:

- 125 gramos de mantequilla
- 150 gramos de harina (a mano)
- 250 gramos de quark
- 1 huevo

Relleno de sal:

- 200 gramos de chicharrones
- 1 cebolla
- 1 manojo de perejil
- Cilantro
- 1 diente de ajo
- Sal
- Pimienta
- Mejorana

Ensalada de col de apio:

- 900 gramos de col blanca
- 100 gramos de grasa de tocino
- 1 rebanado cebolla
- 3 cucharadas de mantequilla
- 1 cucharadita de alcaravea (entera)
- 125 ml de vino blanco
- Vinagre de vino
- Petróleo
- Sal
- Pimienta

- 2 cucharadas de azúcar (o miel)

Preparación

Para la masa:

1. Amasar todos los ingredientes rápidamente y enfriar.

Para los fructíferos:

2. Picar los trozos, arrancar y picar el perejil, quitar el ajo de la piel y presionar a través de la prensa. Picar la cebolla y sofreír, verter el resto de los ingredientes y luego sazonar.

3. Forme la masa en un rollo y luego córtela en trozos pequeños. Simplemente presione los trozos de masa. Ponga un poco de relleno sobre la masa y forme bolas de masa. Bola de masa en agua hirviendo, llevar a ebullición y, con la tapa cerrada, tirar durante unos 7 minutos.

Para la ensalada de col:

4. Asar cebolla con tocino, agregar alcaravea con azúcar o miel, agregar el repollo cortado con vino blanco y suavizar suavemente. Marine con vinagre de vino blanco, aceite, sal y pimienta.

35. Sandwich con tocino, tomate y ensalada

Ingredientes

- 1 baguette
- 2 cucharadas de grasa de tocino
- 2 tomates
- 8 deja lechuga iceberg o lollo Bionda
- 2 cucharadas Mayonesa

Preparación

1. Precalienta la parrilla del horno.
2. Corta la baguette por la mitad horizontalmente. Dorar las superficies cortadas debajo de la parrilla.
3. Lavar los tomates, cortar el tallo y cortar en rodajas. Enjuague la ensalada, agítela para secarla y, si es necesario, retírela. Unte la superficie cortada de la parte inferior de la baguette con la mayonesa, cubra con los tomates, la grasa de tocino y la lechuga y coloque la tapa encima. Corta el sándwich BLT en cuartos y sírvelo.

36. Receta Adana Kebab

Ingredientes

- 350 gramos de carne molida
- 300 gramos de carne de cordero picada
- 1 diente de ajo
- 2 piezas de cebollas
- 1 cucharadita de chiles
- 1 cucharadita de pimienta negra
- 1 cucharada de pasta de pimiento picante
- 1/2 manojo de perejil

Preparación

1. Pica las cebollas en cubos. Filtra el agua en un recipiente profundo.

2. Triturar el ajo y mezclar con la cebolla. Revuelva la carne picada de cordero y la carne picada de ternera y mezcle con la mezcla de cebolla y ajo.

3. Mezcla de pasta de chile, pimiento y pimiento picante a la mezcla.

4. Agrega el aceite. Picar finamente el perejil y luego agregarlo a la mezcla.

5. Deje reposar el mortero en el armario durante 2-3 horas.

6. Lubrique la parrilla del horno con aceite de cola del carnicero o mantequilla con mantequilla.

7. Caliente el horno a 200 grados en un programa sin ventilador.

8. Extienda la carne en las brochetas planas.

9. Índice en el estante de alambre. Cocine durante 20-25 minutos. ¡Disfrute de su comida!

10. Sugerencia de servicio de recetas de Adana Kebap

11. Si lo desea, puede poner cebollas, tomates, pimientos o en rodajas finas rodajas de berenjena a la parrilla y enriquece tu comida. Si coloca pan lavash sobre las carnes cerca de la cocción, absorberá la grasa y fortalecerá el sabor.

37. Receta de Alas con Salsa

Ingredientes

- 1 kilo de ala de pollo
- 4 cucharadas de aceite de girasol
- 4 cucharadas de leche
- 2 cucharadas de yogur
- 1 cucharadita de pasta de tomate
- 1 cucharadita de salsa picante
- 2 dientes de ajo
- 1/2 cucharadita de vinagre de uva
- 1/2 cucharadita de miel
- 1 hoja de laurel
- 1 cucharadita de orégano

- 1 cucharadita de pimienta negra recién molida
- 1 cucharadita de sal
- 1 ramita de romero fresco

Preparación

1. Lavar las alitas de pollo con abundante agua y retirar el exceso de agua con ayuda de toallas de papel.
2. Ralla el ajo. Mezcle el aceite de girasol, la leche, el yogur, la pasta de tomate, la salsa picante y la miel en un tazón grande.
3. Agregue el ajo rallado, la hoja de laurel, el tomillo, la pimienta negra de color recién molida, las ramas de romero extraídas y la sal. Mezcle todos los ingredientes.
4. Coloca las alitas de pollo en la mezcla de salsa que preparaste y colócalas en una sola fila en la bandeja del horno.

5. Hornee en un horno precalentado a 180 grados durante 45-50 minutos. Sirve las alitas picantes, que extraen la salsa y condimentan con especias.

38. Receta de shish kebab sazonado

Ingredientes

- 800 gramos de cordero en cubos
- 2 dientes de ajo
- 4 cucharadas de aceite de oliva
- 2 cucharadas de salsa barbacoa
- 1/2 cucharadita de semillas de cilantro
- 1 ramita de romero
- 1/2 cucharadita de sal marina molida

Preparación

1. Después de picar la carne de cordero en cubos grandes, colóquela en un tazón grande para mezclar.

2. Pelar las cáscaras de ajo con el lado opuesto del cuchillo y picar finamente. Licúa la carne picada con la adición de aceite de oliva, salsa barbacoa casera, semillas de cilantro y romero fresco.

3. Asegúrate de que la salsa penetre en la carne. Deje reposar el recipiente en el frigorífico durante al menos 2 horas.

4. Espolvoree las carnes marinadas con la sal marina finamente molida en las brochetas. Cocine sobre una parrilla, una porción del horno a la parrilla o en una bandeja para hornear con papel graso, hasta que estén doradas.

5. Salsas para ensalada o dip acompañadas de picante para compartir con tus seres queridos.

Ingredientes

- 800 gramos de pechuga de res (proporción de grasa)
- 80 gramos de caldo
- 10 gramos de sal finamente molida
- 10 gramos de pimienta negra recién molida

Preparación

1. Para preparar deliciosas albóndigas de hamburguesa que quedarán jugosas; Veinte por ciento del peso de la carne de pechuga agregando aceite después de tirar de la carne picada.

2. Amase la carne molida, a la que agrega el caldo preparado y la mezcla de sal / pimienta molida, y amase una pequeña cantidad en las hamburguesas. Levantar en el refrigerador para descansar.

3. Fríe las hamburguesas, que presionas en la parte media con el pulgar, según el grado de cocción deseado en la parrilla.

4. Si tu objetivo es preparar una auténtica hamburguesa casera, calienta los panes a la parrilla. Derretir una rebanada de queso sobre las albóndigas a la parrilla al gusto. Prepare la hamburguesa para servir con una variedad de salsas, encurtidos y verduras. Comparta el calor con sus seres queridos.

40. Receta de brocheta de albóndigas

Ingredientes

- 500 gramos de carne molida
- 2 dientes de ajo
- 1 nectarina
- 1 cucharadita de comino
- 1 cucharadita de pimienta negra
- 1 cucharadita de chiles
- 1 cucharadita de sal
- 1/2 taza de té de leche
- 1/2 taza de té de agua
- 1 cucharadita de carbonato
- 1/2 manojo de eneldo
- 1/2 manojo de perejil

- 2 rebanadas de pan
- 1 huevo
- 2 cebollas rojas (las albóndigas se colocarán entre las botellas al apilar).

Preparación

1. Ponga la carne molida dentro de un tazón grande, agregue el pan a la carne molida y amase bien.
2. Pica las cebollas en cubos. Exprime el jugo y agrégalo a la carne molida.
3. Triturar el ajo en el mortero y agregar a la mezcla, licuar con el resto de los ingredientes.
4. Estirar el film y dejar reposar en el gabinete durante 30 minutos.
5. Después de descansar, prepare bolitas del tamaño de albaricoques.
6. Pica las cebollas rojas para que el aro no quede muy fino.

7. Acomoda las empanadas con las albóndigas y las cebollas. Coloque en una bandeja para hornear con papel graso.

8. Hornee en un horno precalentado a 180 grados durante unos 25 minutos.

9. Sugerencia de servicio para la receta de shish de albóndigas

10. Si lo desea, puede servir patatas o arroz con rodajas de manzana.

41. Receta de salsa barbacoa

Ingredientes

- 20 chalotes
- 5 dientes de ajo
- 100 ml. aceite de oliva
- 1 cucharada de semillas de comino
- 1 cucharada de semillas de cilantro
- 1.5 tazas de puré de tomate
- 1 cucharada de chiles
- 2 cucharadas de jugo de limón recién exprimido
- 3 cucharadas de melaza (azúcar morena bajo pedido)
- 1 cucharadita de jengibre fresco rallado
- 4 cucharadas de vinagre de vino tinto

- 1/2 taza de caldo
- 1/2 cucharadita de pimienta molida fresca
- 1 cucharadita de sal

Preparación

1. Pelar las chalotas y los ajos pelados en trozos pequeños.

2. Ase el comino y las semillas de cilantro en una sartén de fondo grueso, brevemente a temperatura alta. Deja que emerjan sus sabores y la salsa tiene un suave sabor a hollín.

3. Aparte las especias tostadas y transfiera el aceite de oliva a la misma sartén. Empiece a asar las cebollas picadas y los ajos a temperatura alta.

4. Agregue el jengibre fresco rallado y continúe asando. Preferiblemente agregue la salsa de tomate casera y deje hervir a fuego lento.

5. Para equilibrar el sabor agridulce y amargo; chile, sal, pimienta negra recién molida, jugo de limón y melaza mezcle la salsa.

6. Después de agregar el vinagre de vino tinto y la salsa, cocine a fuego lento durante 15 minutos a fuego lento. Sirva como sabor complementario a los productos de pollo y carne a la parrilla y utilícelos en recetas.

42. Pollo con salsa BBQ para 4

Ingredientes

- 4 piezas de muslos de pollo

- Sal pimienta
- 300 ml. Salsa BBQ o Ketchup
- 500 gr. Tallo de apio
- 1 cucharada de aceite líquido
- Azúcar
- 1 cucharada de vinagre de postre

Preparación

1. Lave y limpie bien los muslos de pollo, luego sal y pimienta.
2. Coloque los muslos en la bandeja para hornear con la piel hacia abajo.
3. Hornee en un horno calentado a 200 ° durante 15 minutos, voltee y cocine por otros 15 minutos.
4. Extienda una capa gruesa de salsa barbacoa o kétchup sobre ellos y cocine por otros 5 minutos.

5. Cortar finamente los tallos de apio, picar las hojas.

6. Tallos de apio en aceite durante 5 minutos, espolvorear con una pizca de azúcar espolvorear, hacer circular vinagre.

7. Agrega las hojas picadas, sal y pimienta.

8. Sirve el pollo con verduras y salsa.

43. Parrilla de frijoles rojos para 1

Ingredientes

- 4-5 piezas de salmonete,
- 2 piezas de pimiento
- 1 pieza de tomate

- Salsa:
- 1 cucharada de aceite de oliva
- 1 cucharada de jugo de limón
- Sal

Preparación

1. Como preparación, corte la panza de pescado para limpiar el interior. Después de extraer los órganos internos, lave el pescado con abundante agua. Limpiar las arandelas con un cuchillo afilado. Cocine durante 10 minutos a la parrilla y colóquelo en un plato para servir.

2. Cocine los tomates y los pimientos a la parrilla. Para la salsa, mezcle 1 cucharada de aceite de oliva, 1 cucharada de limón y sal. Sirva el pescado después de verter la salsa sobre el pescado.

44. Brochetas de verduras y queso a la plancha

Ingredientes

- 2 pimientos de colores, sin semillas y cortados en cubos
- 340 g (3/4 lb) de queso asado tipo Haloumi, en cubos
- 225 g (1/2 lb) de champiñones blancos enteros
- 30 ml (2 cucharadas) de aceite de oliva
- 10 ml (2 cucharaditas) de vinagre balsámico
- 2,5 ml (1/2 cucharadita) de orégano seco

Preparación

1. Precalienta la barbacoa a potencia media-alta. Engrasa la parrilla.
2. En un bol, mezcla todos los ingredientes. Sal y pimienta.
3. Pase las verduras alternativamente en brochetas. Enhebre el queso en otras brochetas. Reserva en un plato grande.
4. Asa las brochetas de verduras durante 10 minutos, dándoles la vuelta unas cuantas veces durante la cocción con pinzas. Vuelva a engrasar la rejilla. Asa las brochetas de queso por ambos lados, dándoles la vuelta tan pronto como el queso comience a asarse, aproximadamente 1 minuto por cada lado.
5. Servir inmediatamente. Sirva con pan de pita, si lo desea.

45. Ensalada de mariscos a la plancha y salsa verde con albahaca tailandesa

Ingredientes

- 30 g (1 taza) de hojas de albahaca tailandesa
- 30 g (1 taza) de hojas de cilantro
- 1/4 taza (60 ml) de aceite vegetal
- 45 ml (3 cucharadas) de jugo de lima
- 30 ml (2 cucharadas) de agua
- 1 cebolla verde, cortada en trozos
- Mariscos y verduras
- 900 g (2 lb) de mejillones, limpios
- 225 g (1/2 lb) de camarones medianos (31-40), sin cáscara y desvenados
- 4 calamares pequeños, recortados

- 15 ml (1 cucharada) de aceite vegetal
- 15 ml (1 cucharada) de jugo de lima
- 10 ml (2 cucharaditas) de salsa de pescado (nuoc-mam)
- 2 cucharaditas (10 ml) de cúrcuma
- 1 bulbo de hinojo, en rodajas finas con mandolina
- 400 g (2 tazas) de patatas baby, cocidas
- 2 cebollas verdes picadas
- 1 tomate, cortado en cuartos
- Hojas de albahaca tailandesa, al gusto

Preparación

1. Salsa verde
2. En el procesador de alimentos, tritura finamente todos los ingredientes.
3. Mariscos y verduras
4. Precalienta la barbacoa a potencia alta. Engrasa la parrilla.
5. En un tazón grande, combine los mejillones, los camarones, los calamares,

el aceite, el jugo de limón, la salsa de pescado y la cúrcuma. Sal y pimienta.

6. Coloca los mejillones directamente sobre la parrilla. Cierre la tapa de la barbacoa y cocine los mejillones de 3 a 5 minutos o hasta que estén todos abiertos. Deseche los que queden cerrados. Colocar en un bol. Pele los mejillones (guarde algunos para servir, si lo desea). Libro.

7. Ase los camarones y los calamares durante 2 a 3 minutos por lado o hasta que los camarones y los calamares estén cocidos y dorados. En una superficie de trabajo, corte los calamares en rodajas de 1 cm (1/2 pulgada). Libro.

8. Coloca el hinojo en un bol. Engrase ligeramente, luego sazone con sal y pimienta.

9. Unte los mariscos y las verduras en los platos. Espolvoree salsa verde y decore con hojas de albahaca tailandesa.

46. Salsa de mostaza

Ingredientes

- 1/4 taza (60 ml) de mostaza amarilla
- 30 ml (2 cucharadas) de mostaza antigua
- 30 ml (2 cucharadas) de azúcar morena
- 15 ml (1 cucharada) de vinagre de sidra
- 15 ml (1 cucharada) de salsa Worcestershire

Preparación

1. Dentro de una cacerola pequeña, lleve a ebullición todos los ingredientes, revolviendo con un batidor. Pimienta. Cocine a fuego lento 5 minutos. La salsa de mostaza se puede almacenar durante

10 días en un recipiente hermético en el refrigerador.

47. Pollo a la plancha con salsa ranchera

Ingredientes

Pollo

- 1 libra de pollo (4 libras)
- 10 ml (2 cucharaditas) de sal
- 5 ml (1 cucharadita) de ajo en polvo
- ½ limones
- 1 receta de vinagreta ranchera

Ensalada

- 4 tallos de apio picados

- 1 bulbo de hinojo, finamente picado
- 1 cebolla verde picada
- 30 ml (2 cucharadas) de hojas de hinojo picadas
- 30 ml (2 cucharadas) de aceite de oliva
- 15 ml (1 cucharada) de jugo de limón

Preparación

Pollo

1. En una superficie de trabajo, utilizando un cuchillo de chef o unas tijeras de cocina, retire el hueso del lomo del pollo. Voltea el pollo y córtalo por la mitad en el centro de las pechugas. Coloque las piezas en un plato de vidrio grande. Espolvoree la piel del pollo con sal y ajo en polvo. Frote el exterior y luego el interior del pollo con la parte cortada del limón. Cubre bien con 1/2 taza (125 ml) de vinagreta ranch. Tape y refrigere 12 horas.

2. Precalienta la mitad de la barbacoa a potencia alta. Engrase la parrilla por el lado opuesto.

3. Escurre la carne. Coloque el pollo en la sección fuera de la parrilla, con la piel sobre la parrilla. Cierre la tapa de la barbacoa. Hornee durante 45 minutos manteniendo una temperatura de 200 ° C (400 ° F). Regrese el pollo y continúe cocinando por 35 minutos o hasta que un termómetro insertado en el muslo, sin tocar el hueso, indique 180 ° F (82 ° C) manteniendo una temperatura de 200 ° C (400 ° F).). Termine de cocinar en la sección encendida de la barbacoa para marcar el pollo.

Ensalada

4. Mientras tanto, en un bol, mezcle todos los ingredientes. Sal y pimienta.

5. Corta el pollo en trozos. Sirve con la ensalada y el resto de la vinagreta ranchera.

48. Filete tomahawk a la plancha

Ingredientes

- 1 filete de res de 900 g (2 lb), 5 cm (2 in) de grosor con hueso de aproximadamente 30 cm (tomahawk)
- 7,5 ml (1 1/2 cucharaditas) de adobo seco básico
- 15 ml (1 cucharada) de aceite de oliva
- 15 ml (1 cucharada) de mantequilla con sal

- 1 cucharada. (15 mL) cebollino picado
- Flor de sal, al gusto

Preparación

1. En un plato, frote la carne con la marinada seca. Deje macerar a temperatura ambiente durante 1 hora.

2. Precalienta la barbacoa a potencia media-alta. Engrasa la parrilla.

3. Unte la carne con el aceite. Coloque la carne en la parrilla y cierre la tapa. Hornee durante 18 minutos o hasta que un termómetro, colocado en el centro de la carne, indique 48 ° C (118 ° F) para cocinar poco. Dar la vuelta a la carne mientras se cocina. Retirar la carne y colocar en un plato. Cubrir con papel aluminio y dejar reposar durante 10 minutos.

4. Pon la barbacoa a máxima potencia.

5. Escurre la carne y vuelve a ponerla a la parrilla. Hornee 1 minuto por cada lado para marcar bien.

6. Sirve la carne dejando que la mantequilla se derrita encima. Espolvorear con cebollino y flor de sal. Pimienta.

49. Brochetas de pollo con maní a la barbacoa

Ingredientes

- 450 g (1 libra) de pechugas de pollo deshuesadas y sin piel
- 30 ml (2 cucharadas) de azúcar morena
- 30 ml (2 cucharadas) de salsa de soja
- 30 ml (2 cucharadas) de aceite vegetal

- 10 ml (2 cucharaditas) de vinagre de arroz
- 2,5 ml (1/2 cucharadita) de jengibre molido
- 1 ml (1/4 de cucharadita) de ajo en polvo
- 30 ml (2 cucharadas) de miel
- 30 g (3 cucharadas) de maní condimentado con especias para barbacoa, picado (ver nota)
- Cuartos de lima

Preparación

1. En una superficie de trabajo, corte la pechuga de pollo por la mitad sobre el grosor, luego corte cada mitad en tiras largas de unos 5 mm (1/4 de pulgada) de grosor.

2. En un tazón, combine el azúcar morena, la salsa de soja, el aceite, el vinagre y el jengibre y el ajo en polvo. Pimienta. Agregue el pollo y mezcle bien para cubrir la marinada. Tapar y macerar

durante 12 horas o toda la noche en el frigorífico. Escurre el pollo y desecha la marinada.

3. Precalienta la barbacoa a potencia media-alta. Engrasa la parrilla.

4. En las brochetas, ensarte el pollo para crear espirales. Ase las brochetas de 2 a 3 minutos por lado, dándoles la vuelta con unas pinzas. Coloque en una fuente para servir.

5. Vierta miel sobre el pollo y espolvoree con maní. Sirve con rodajas de lima, al gusto.

50. Tacos de Res a la Parrilla con Camote

Ingredientes

Carne de vaca

- 450 g (1 libra) de falda de res, cortada en 2 piezas
- 1 cebolla, en cuartos
- 30 ml (2 cucharadas) de aceite vegetal
- 30 ml (2 cucharadas) de azúcar morena
- 30 ml (2 cucharadas) de jugo de lima
- 15 ml (1 cucharada) de salsa de soja

- 1 ml (1/4 cucharadita) de salsa de jalapeño Tabasco
- 2,5 ml (1/2 cucharadita) de pimienta de cayena

Adornar

- 2 batatas, peladas y en cubos
- 30 ml (2 cucharadas) de aceite vegetal
- 12 tortillas de maíz blandas de unos 15 cm (6 pulgadas) de diámetro
- 1 aguacate, pelado y en rodajas
- Crema agria, al gusto
- Salsa chipotle picante, al gusto
- Rodajas de lima, al gusto

Preparación

Carne de vaca

1. En una bolsa hermética o en un plato, mezcla todos los ingredientes. Cierre la bolsa o cubra el plato. Refrigere 8 horas o toda la noche. Escurre la carne y las cebollas. Desecha la marinada.

2. Coloque un wok de barbacoa en la parrilla de la barbacoa. Precalienta la barbacoa a potencia alta. Engrasa la parrilla.

Adornar

1. Superponga dos hojas grandes de papel de aluminio. En el centro, agregue las batatas. Aceite, sal y pimienta. Cierre bien la envoltura.

2. Coloque el papel de aluminio en la parrilla, cierre la tapa y cocine durante 20 minutos, girando el papel de aluminio a la mitad de la cocción. Retire las batatas y tritúrelas con un tenedor. Mantenga caliente la olla triturada.

3. Mientras tanto, cocine la cebolla en el wok de barbacoa hasta que empiece a dorarse. Asa la carne durante 3-5 minutos por cada lado para cocinarla poco a poco. Sal y pimienta. Deje reposar

la carne en un plato durante 5 minutos. Calienta las tortillas a la parrilla.

4. En una superficie de trabajo, corte la carne en rodajas finas. Unte las tortillas con el puré de camote. Adorne con rebanadascarne de res, cebolla y aguacate. Sirva con crema agria, salsa chipotle y rodajas de limón, si lo desea.

CONCLUSIÓN

Cada vez que cocine a la parrilla, debe tomar una decisión importante sobre el tipo de leña a utilizar. La carne de res, cerdo, aves y mariscos tienen diferentes sabores dependiendo de la madera. También es cierto que determinadas maderas están asociadas y complementan tipos específicos de carne.

Muchos de los mejores expertos en barbacoas guardan silencio cuando se trata de revelar sus secretos exactos porque asar a la parrilla o ahumar con leña es una parte muy importante de su repertorio. Todo, desde el tipo de madera que usan hasta sus propias recetas de salsa, hasta cómo sazonan la carne antes de asarla, pueden convertirse en armas secretas en su búsqueda por mantenerse en la cima del mundo de las barbacoas.

Lightning Source UK Ltd.
Milton Keynes UK
UKHW021357070521
383304UK00001B/127